KSIĄŻKA

CZEŚĆ

NALEŻY DO

ooooooooooooooooooo

KOLORUJ Z WYOBRAŹNIĄ

TEST KOLORÓW

ZAKOCHANE JEŻE

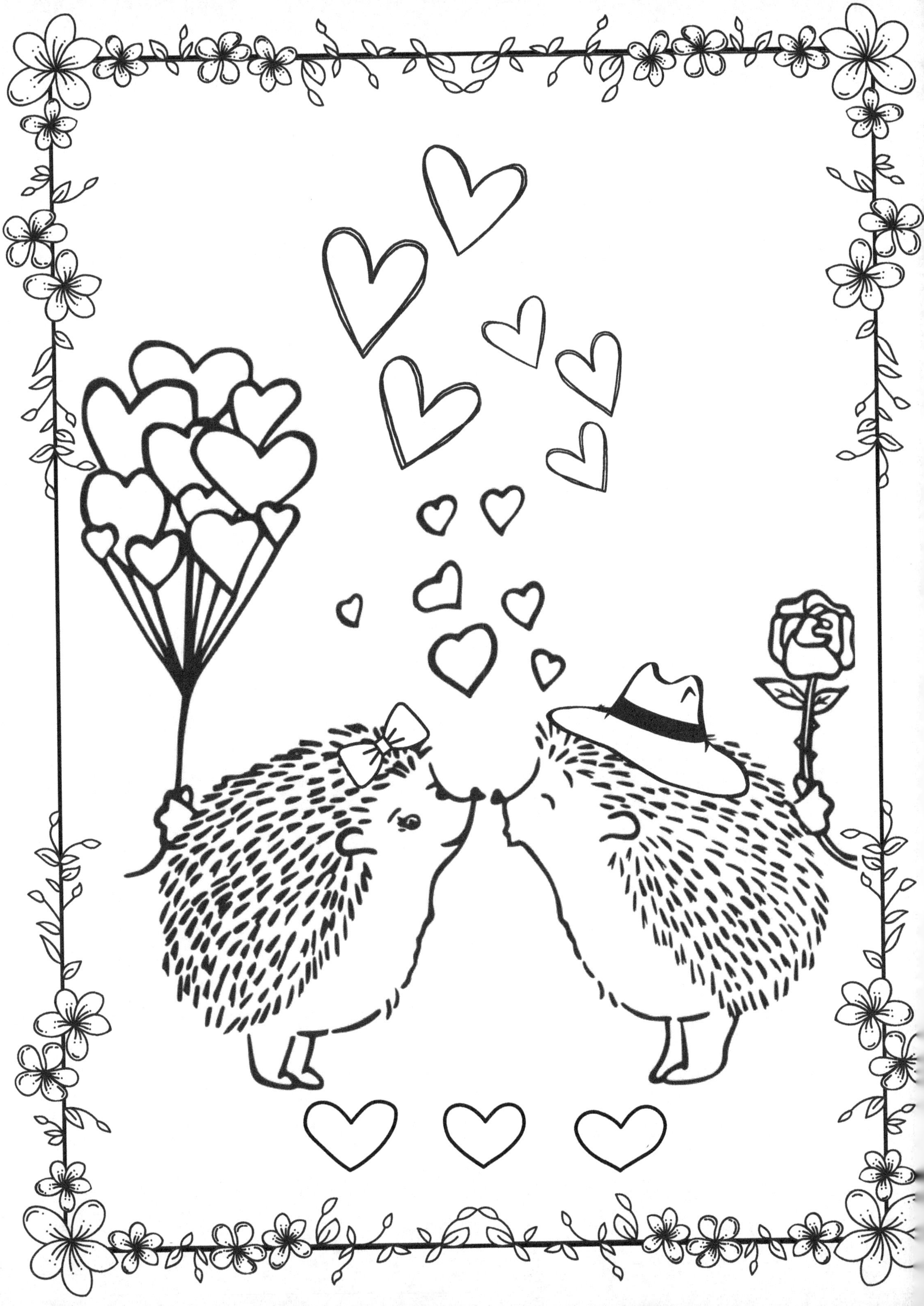

SŁONECZNY DZIEŃ

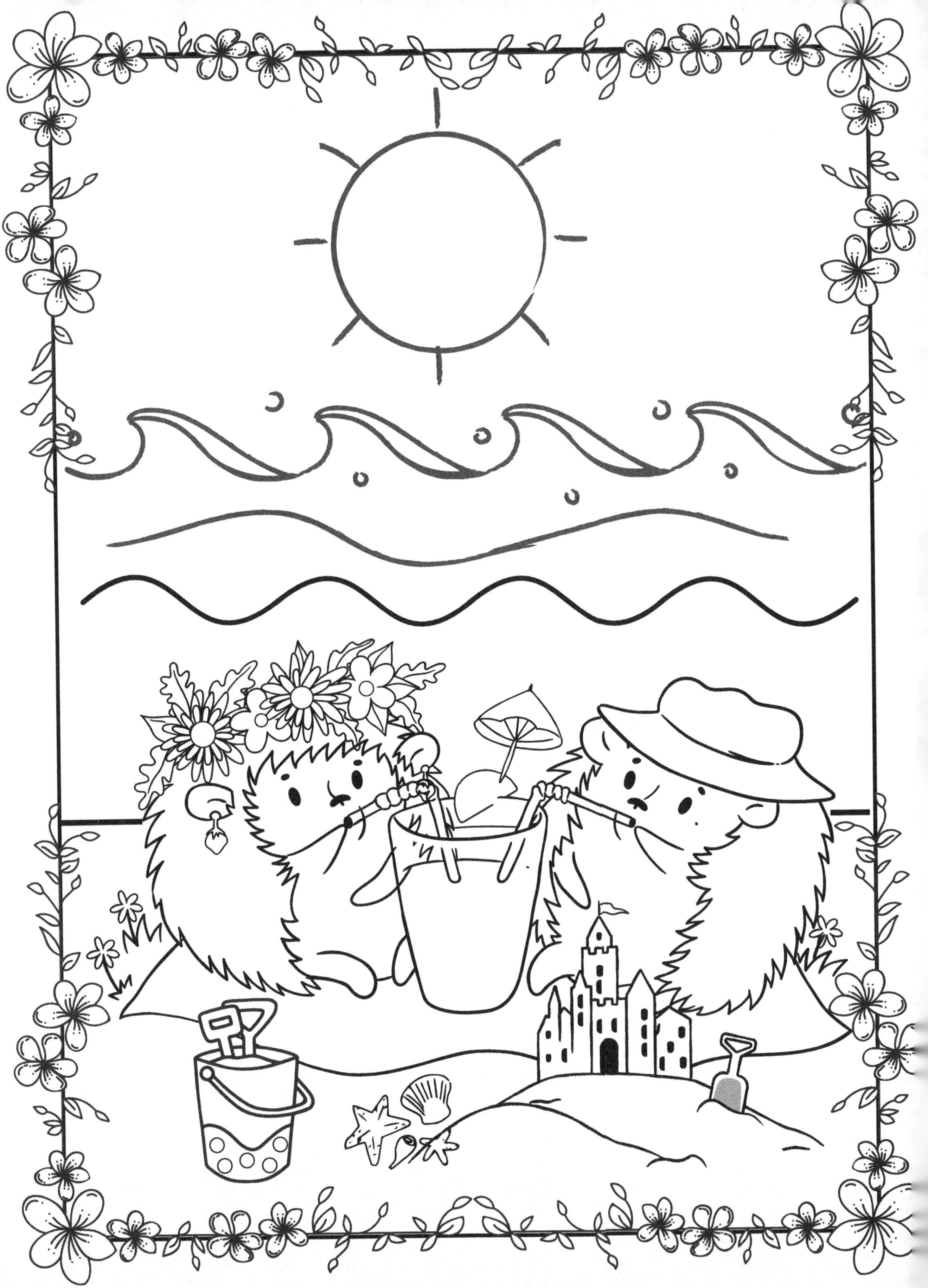

JEŻ W MORZU

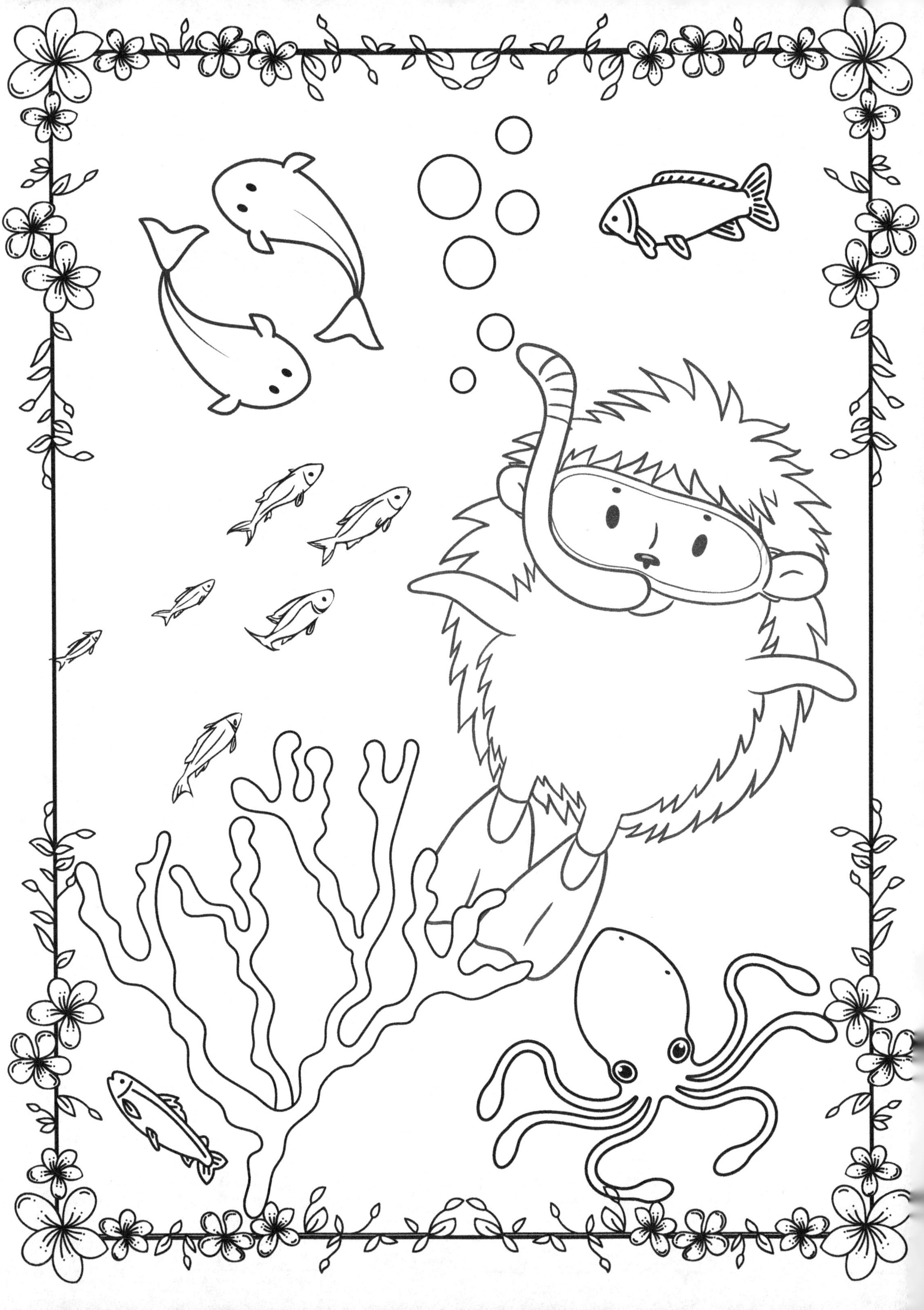

KOSZYK PEŁEN KWIATÓW

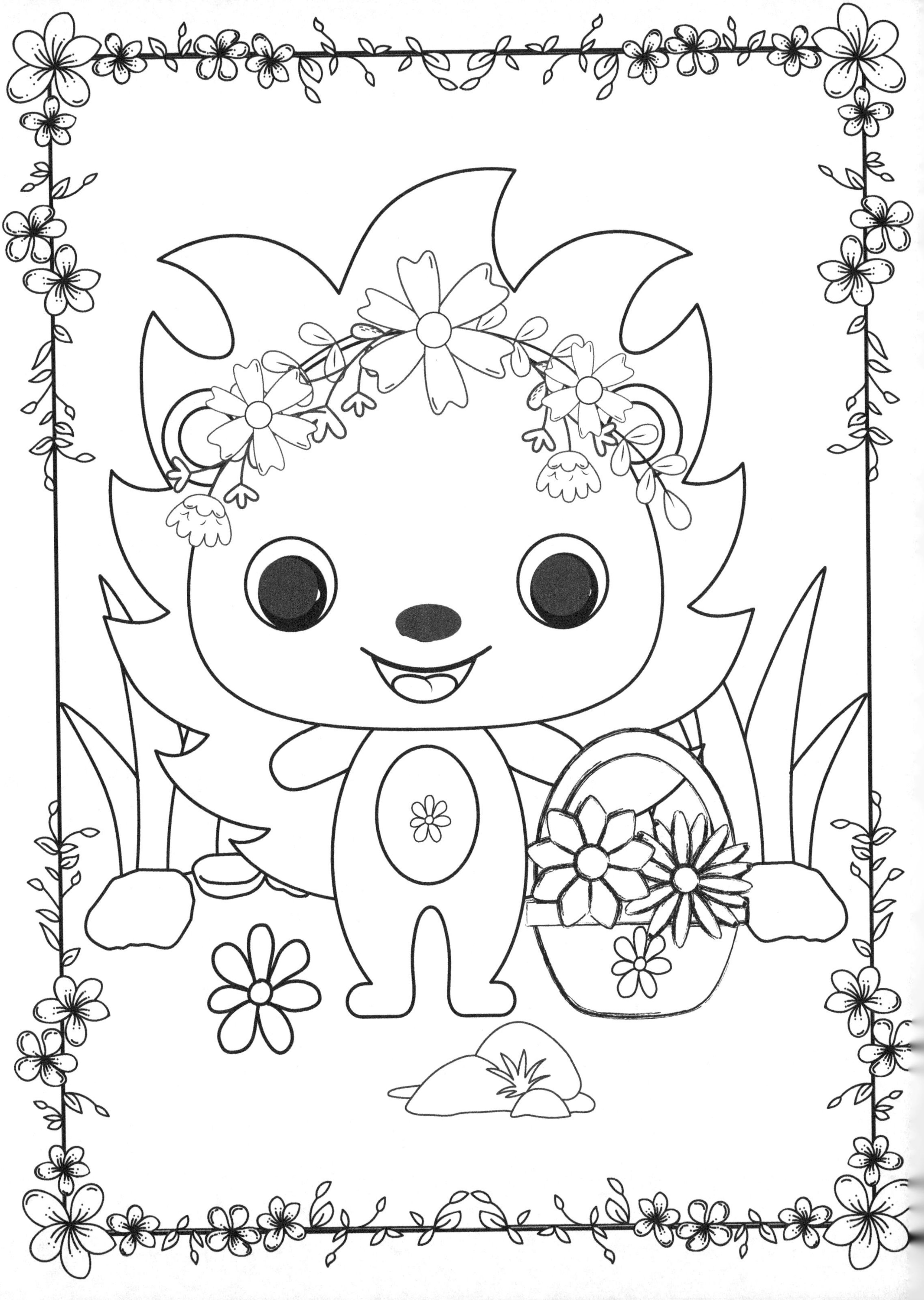

KĄPIEL SŁONECZNA

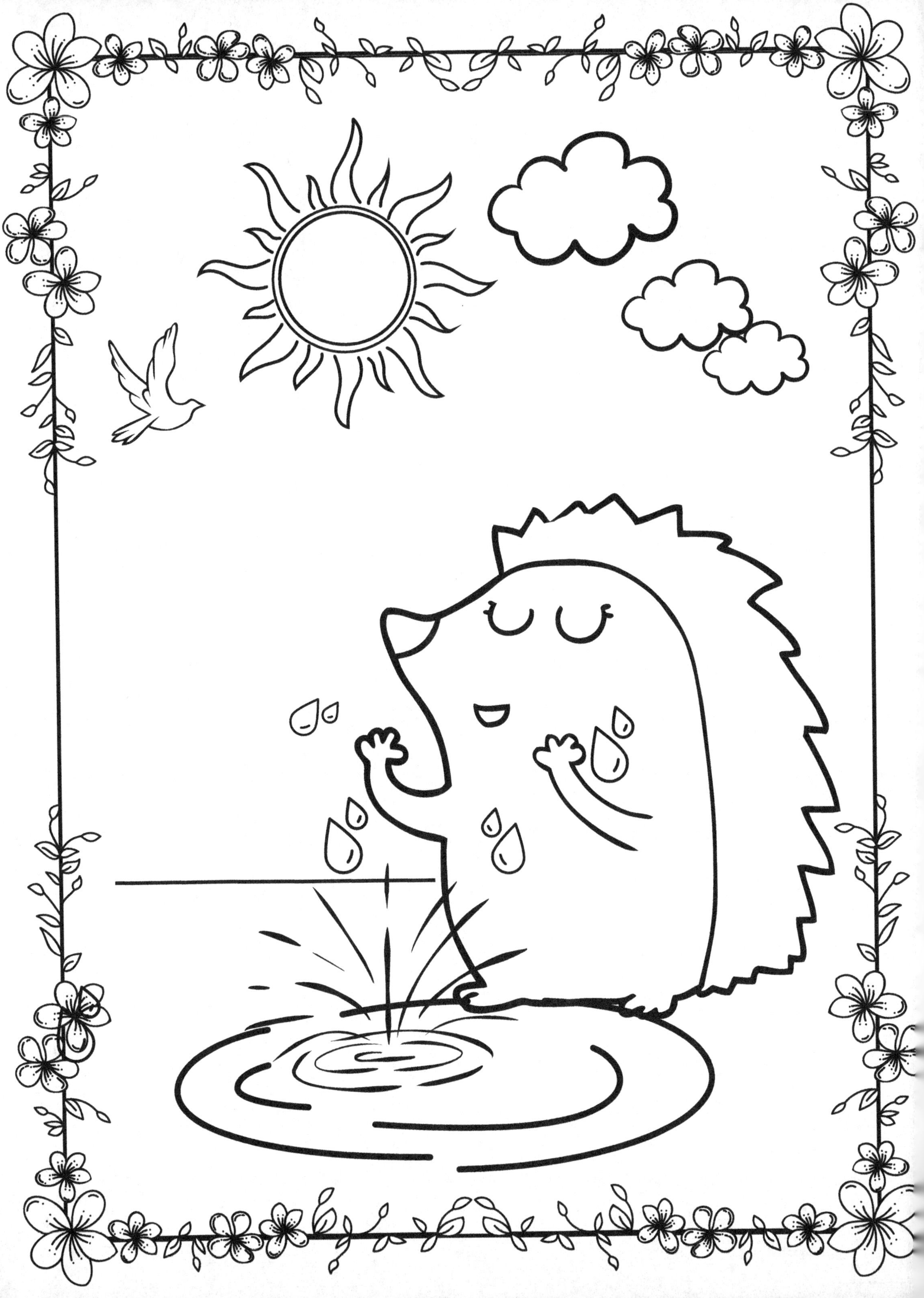

ROBÓTKI RĘCZNE

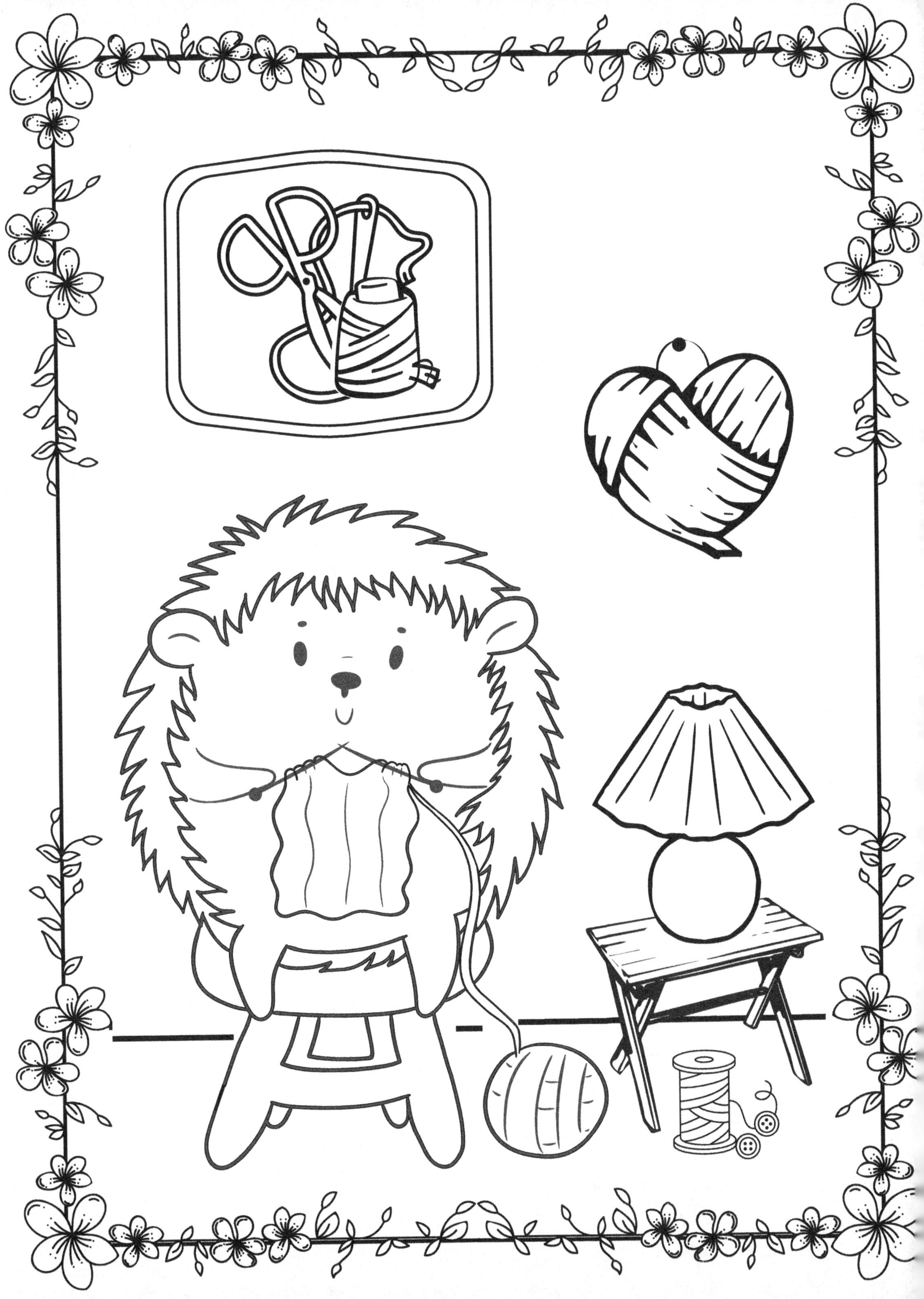

CZAS NA ŚNIADANIE

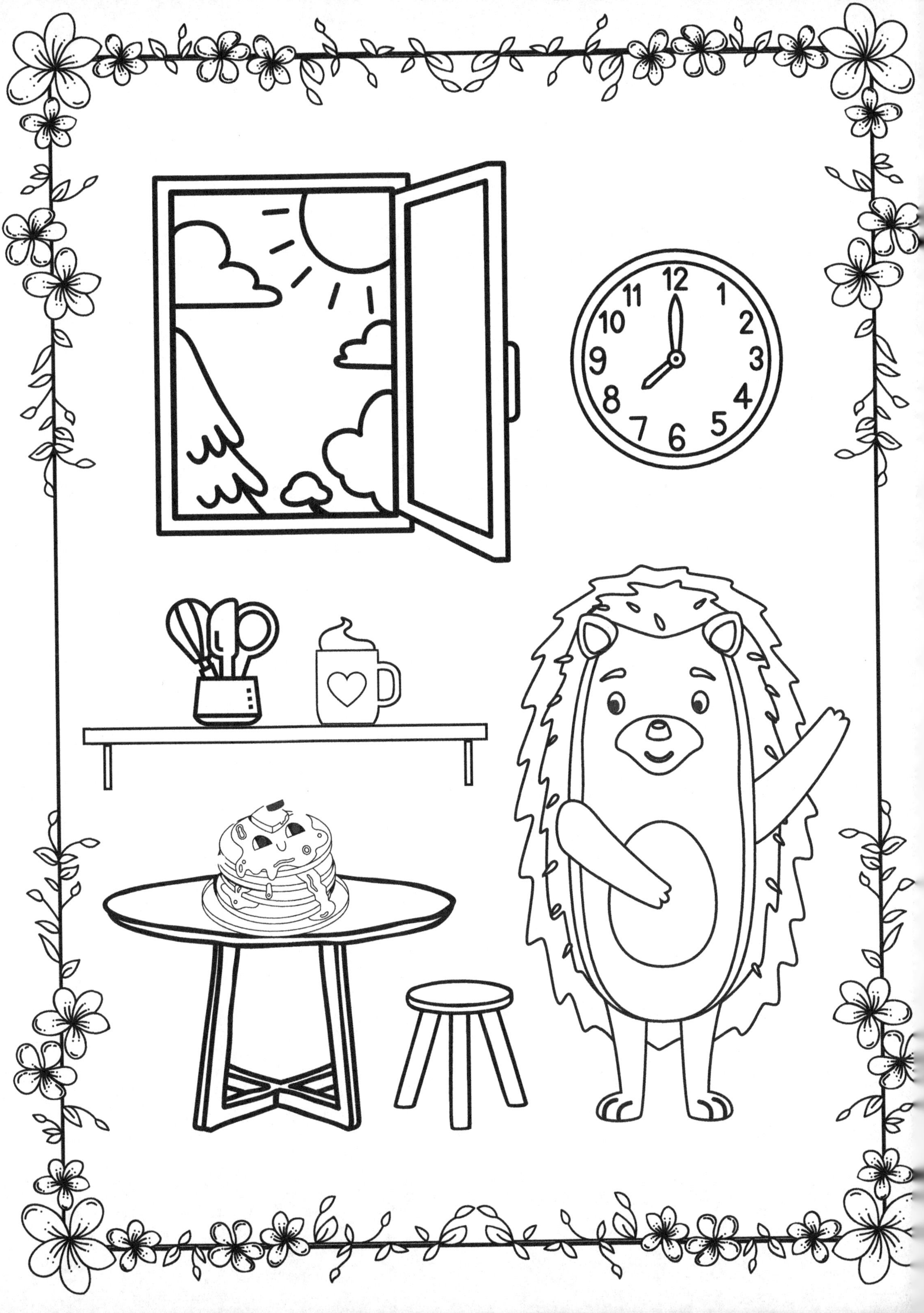
12 1 2 3 4 5 6 7 8 9 10 11

GOTUJEMY

SOUP

KOLOROWE KWIATY

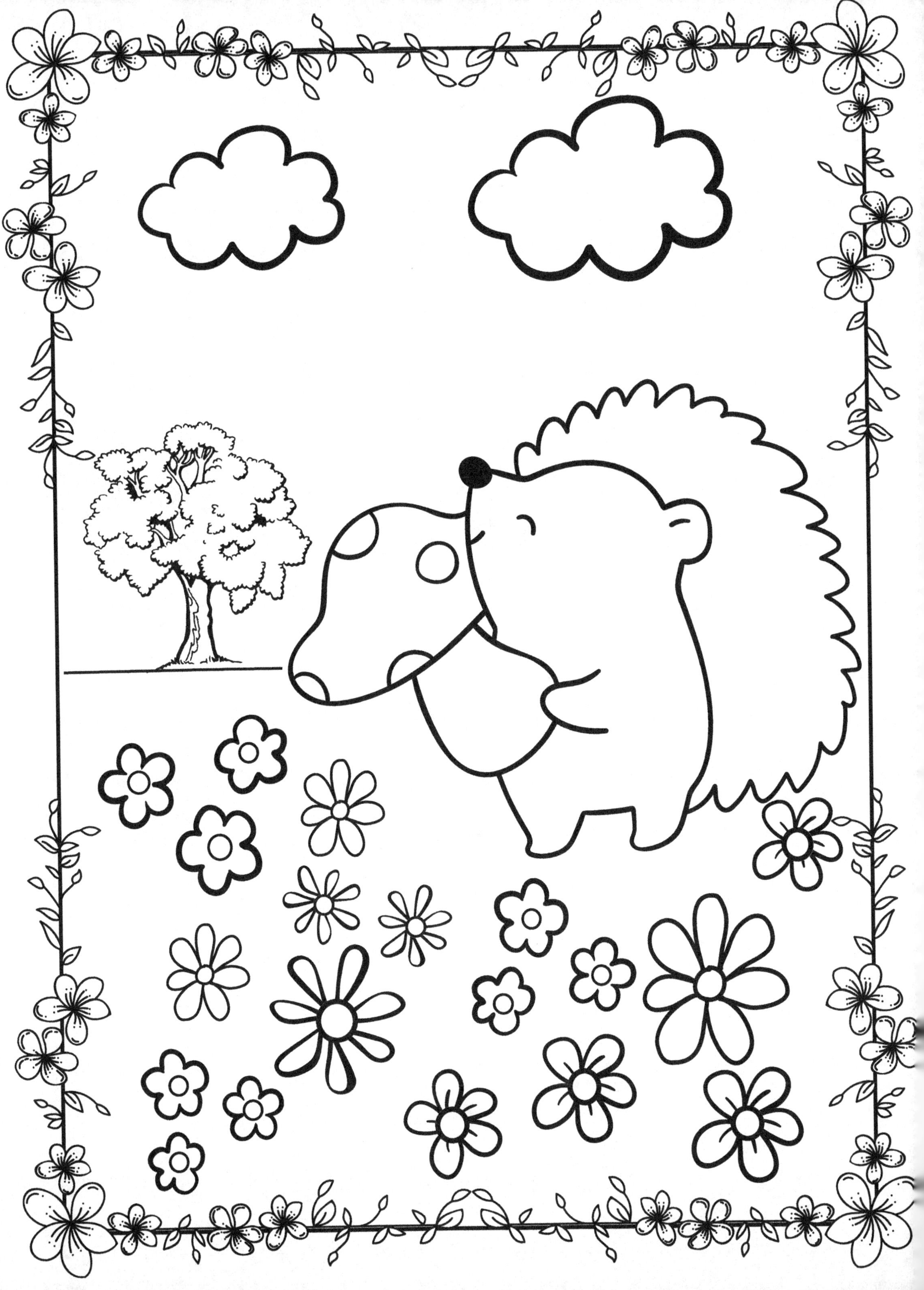

RELAKS

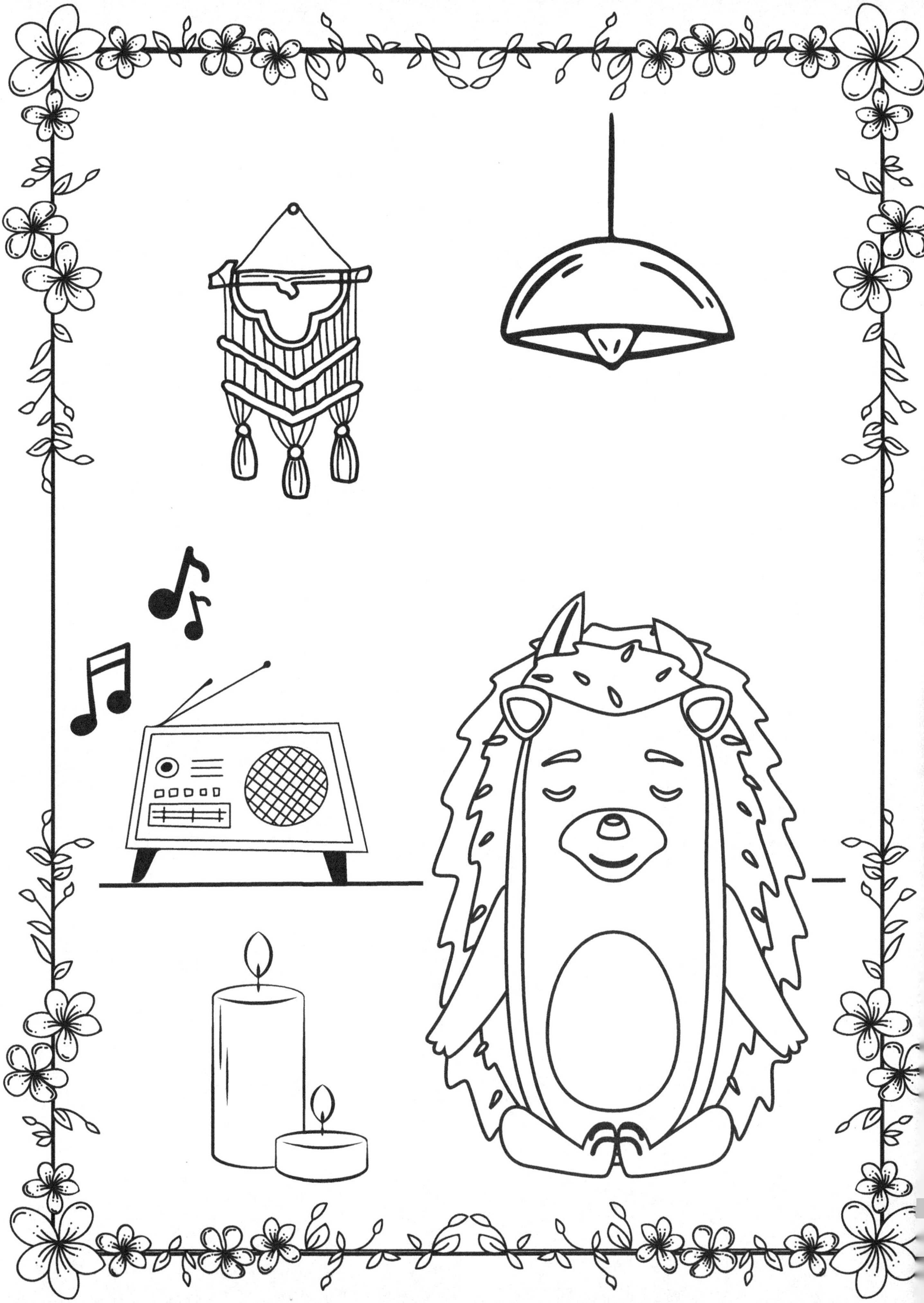

LETNIA DRZEMKA

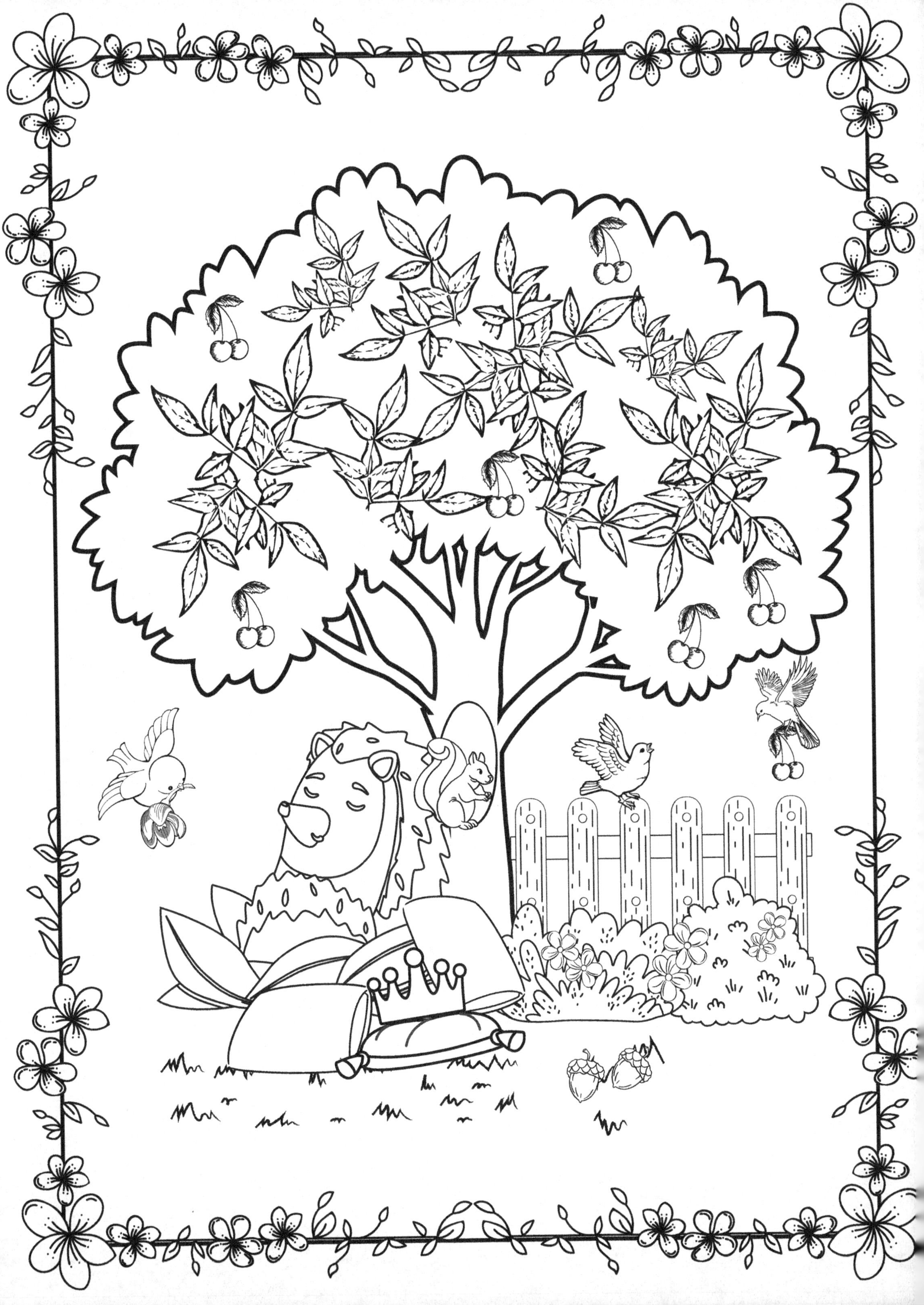

MALUTKI JEŻYK

BABY GIRL

MOTYLE

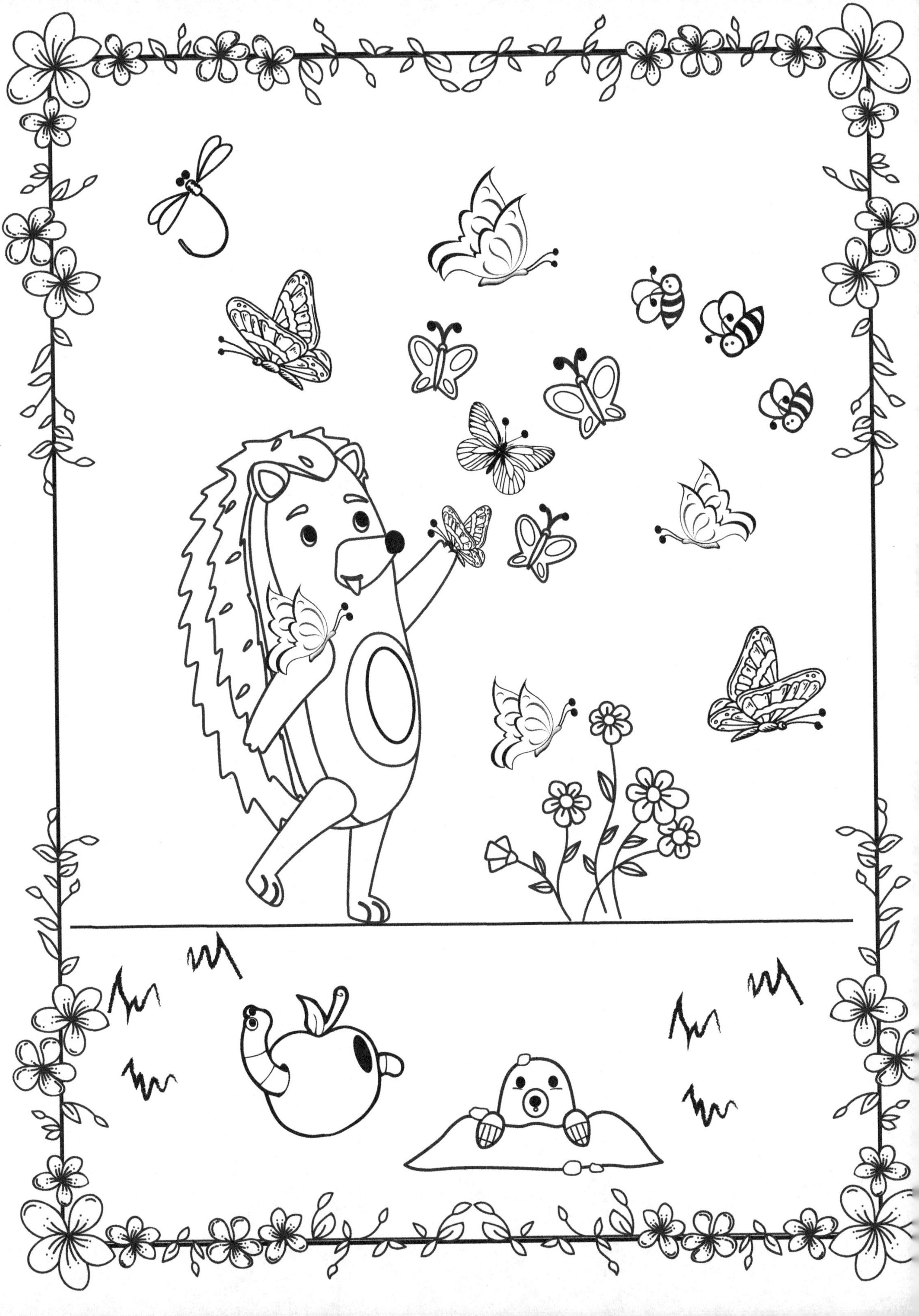

JEŻ I JABŁKO

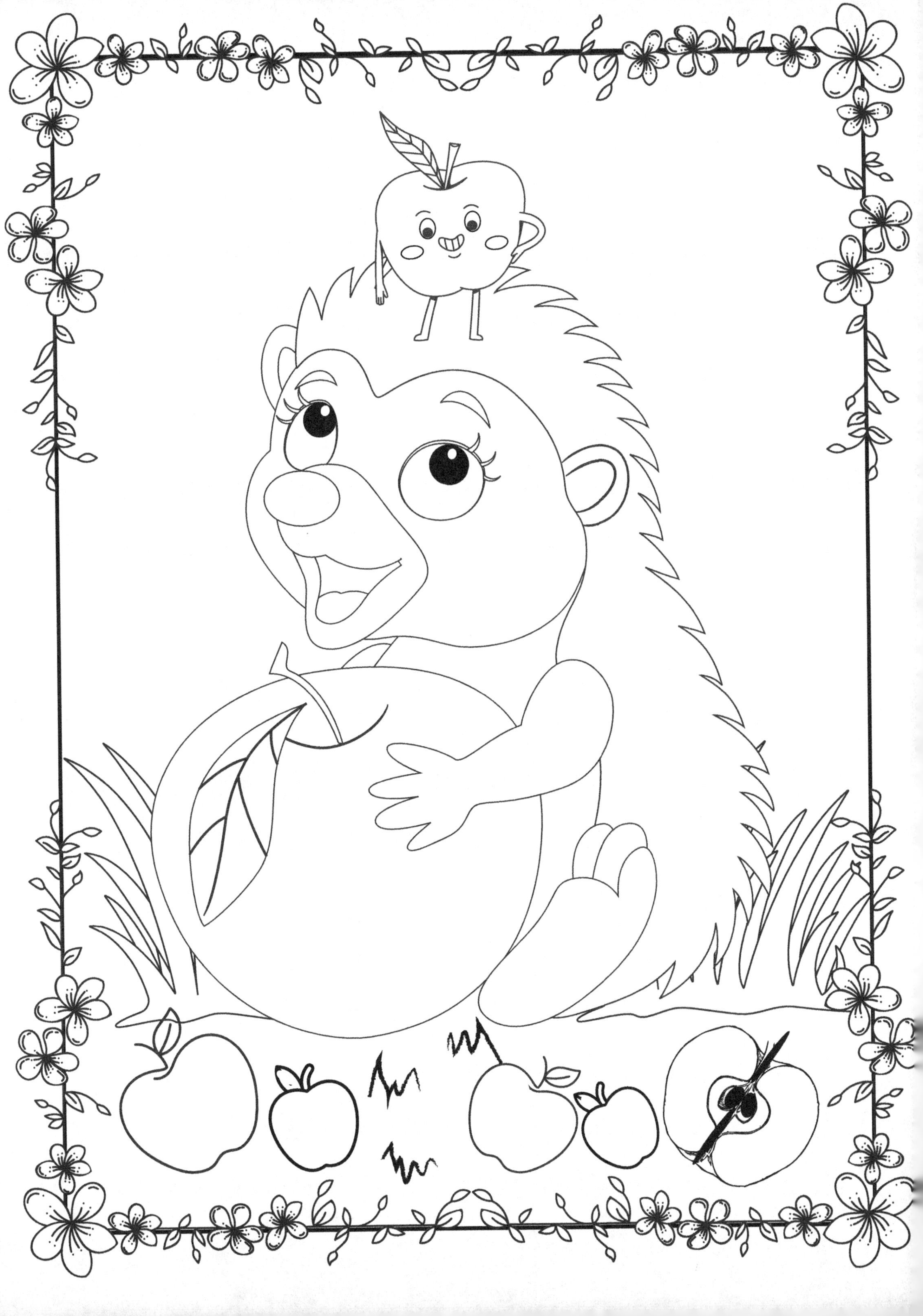

OWOCOWA IMPREZA

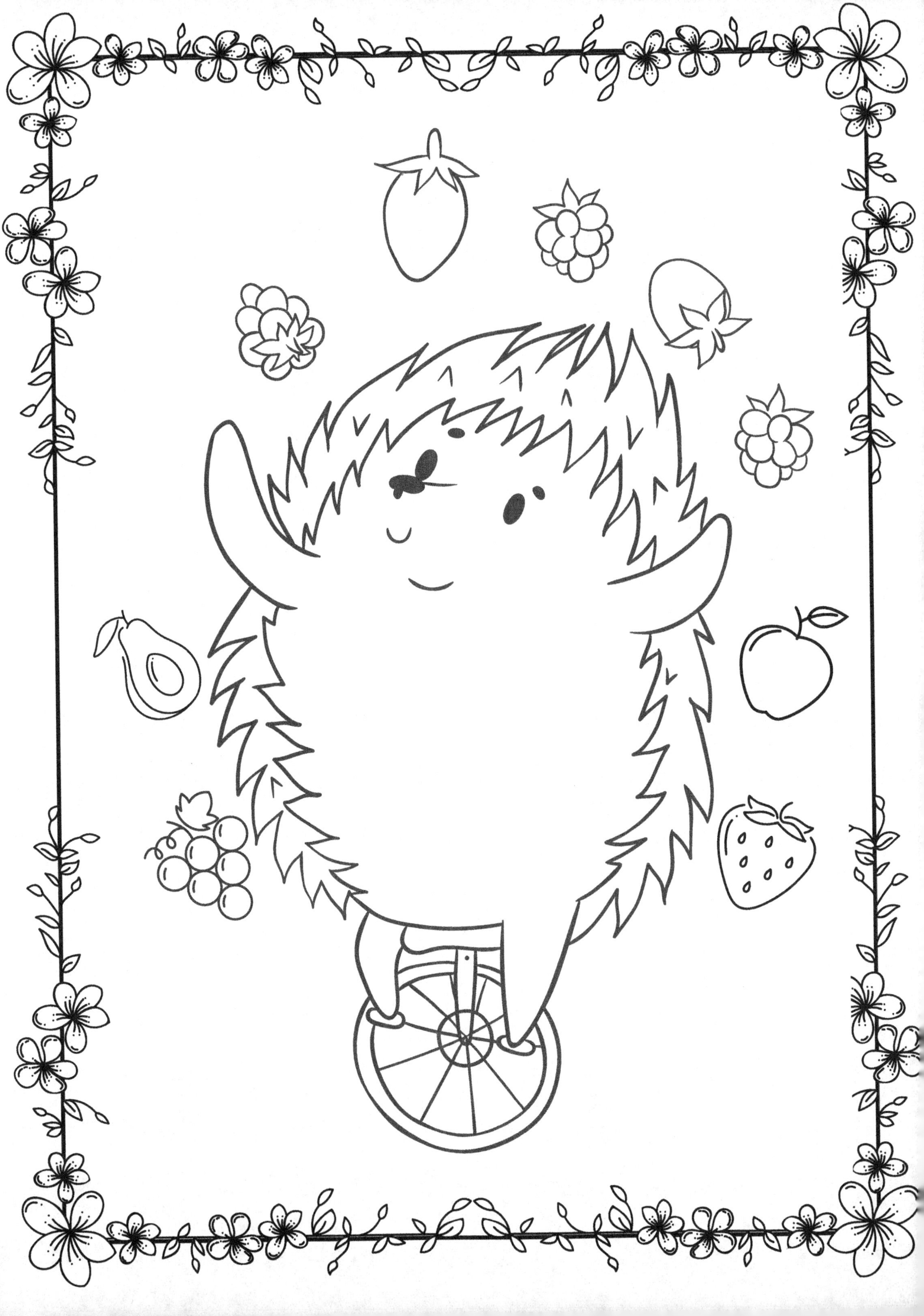

ŚLUB

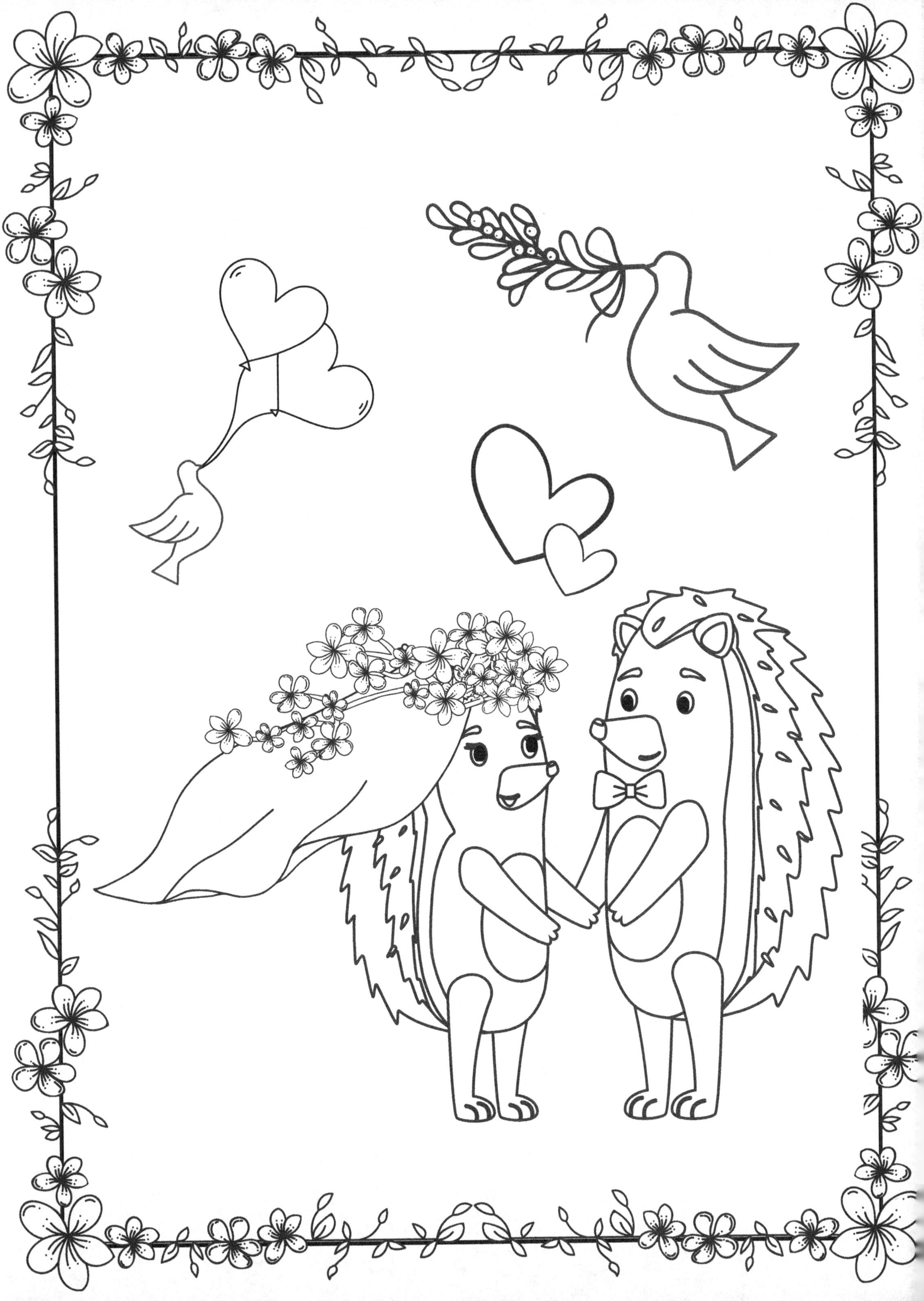

SZCZĘŚLIWY JEŻ

☺

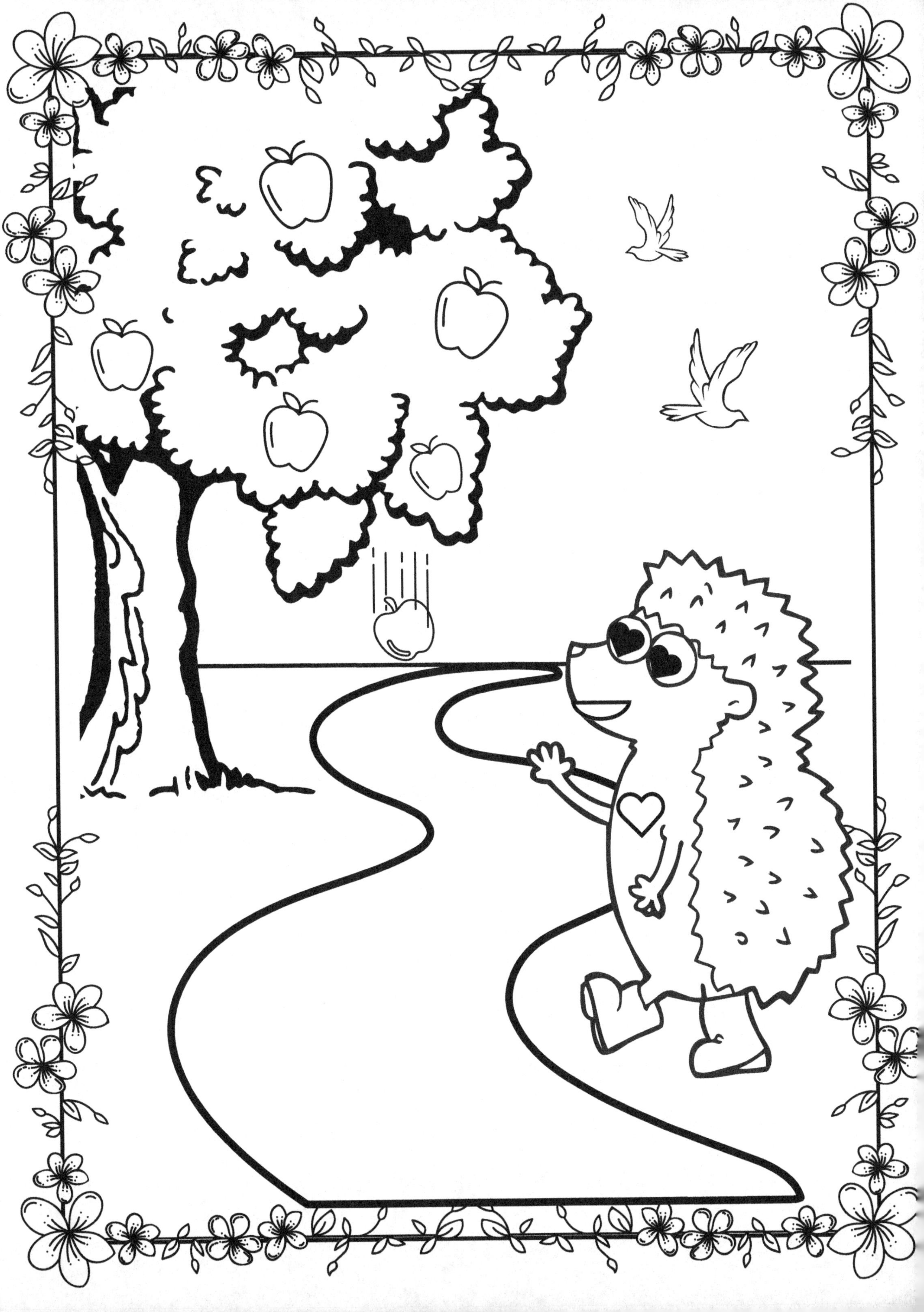

SPADAJĄCE LIŚCIE

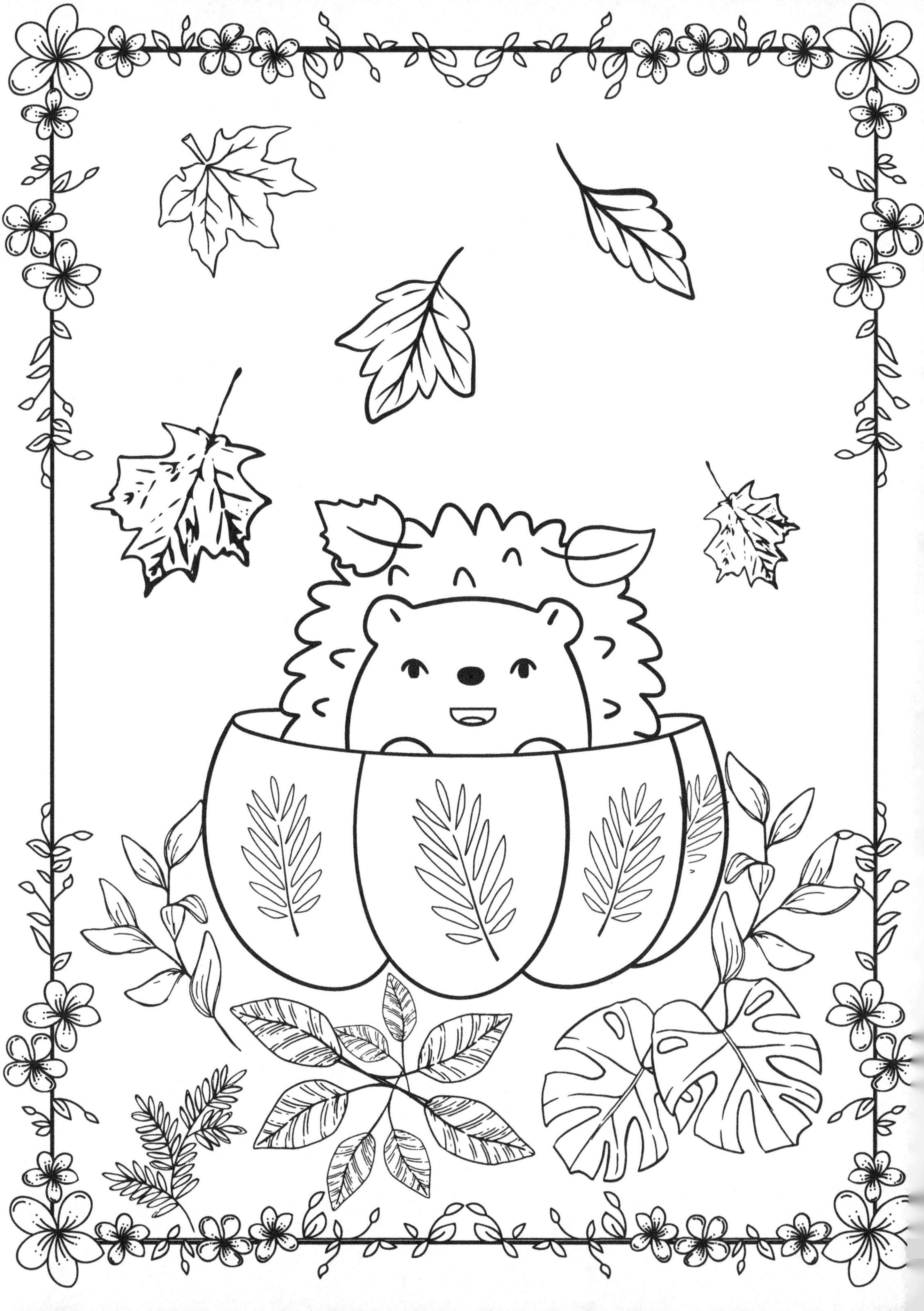

NAUKA

SCHOOL

HOME

DESZCZOWY DZIEŃ

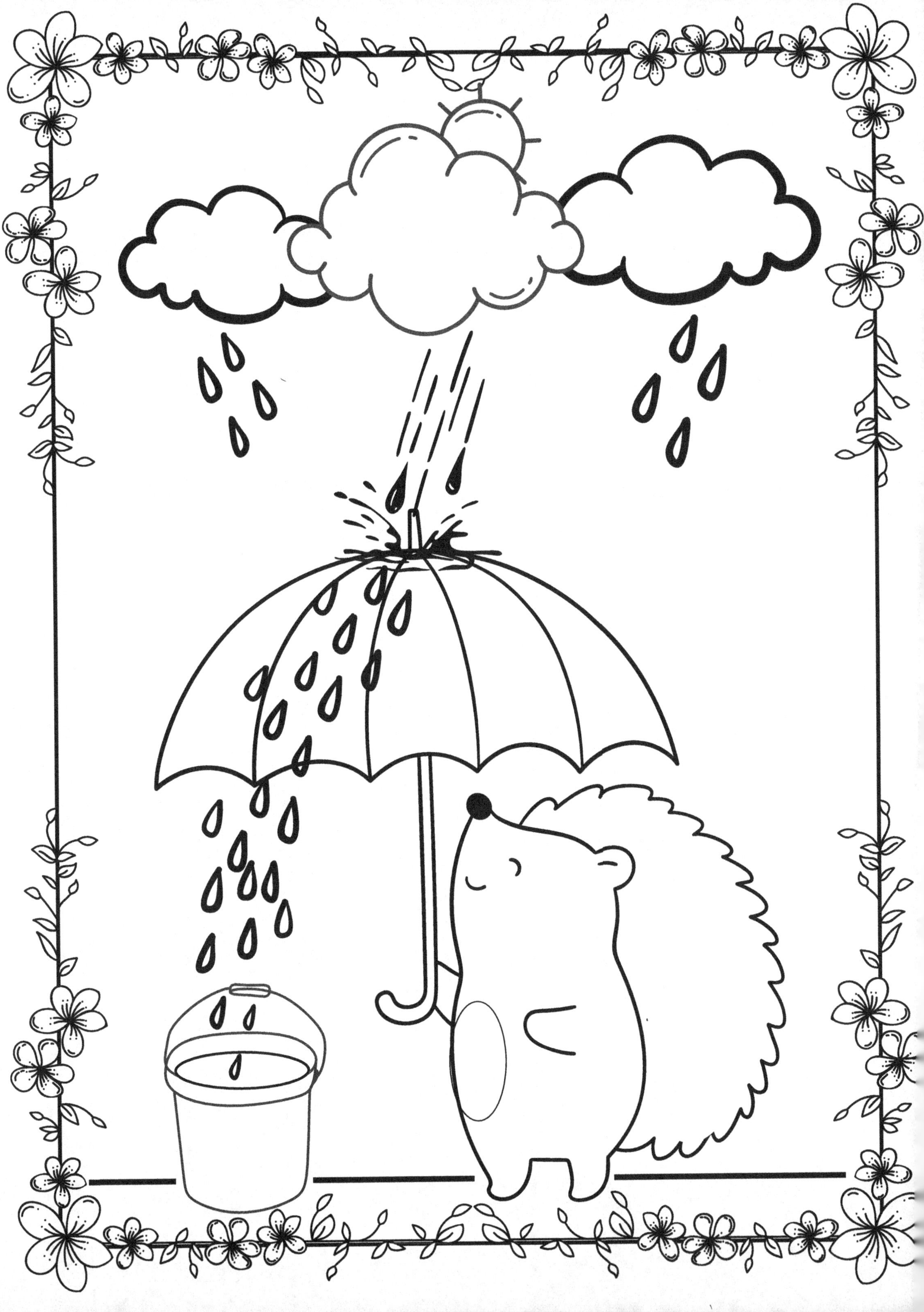

KLUB MUZYCZNY

MUSIC CLUB

SEN

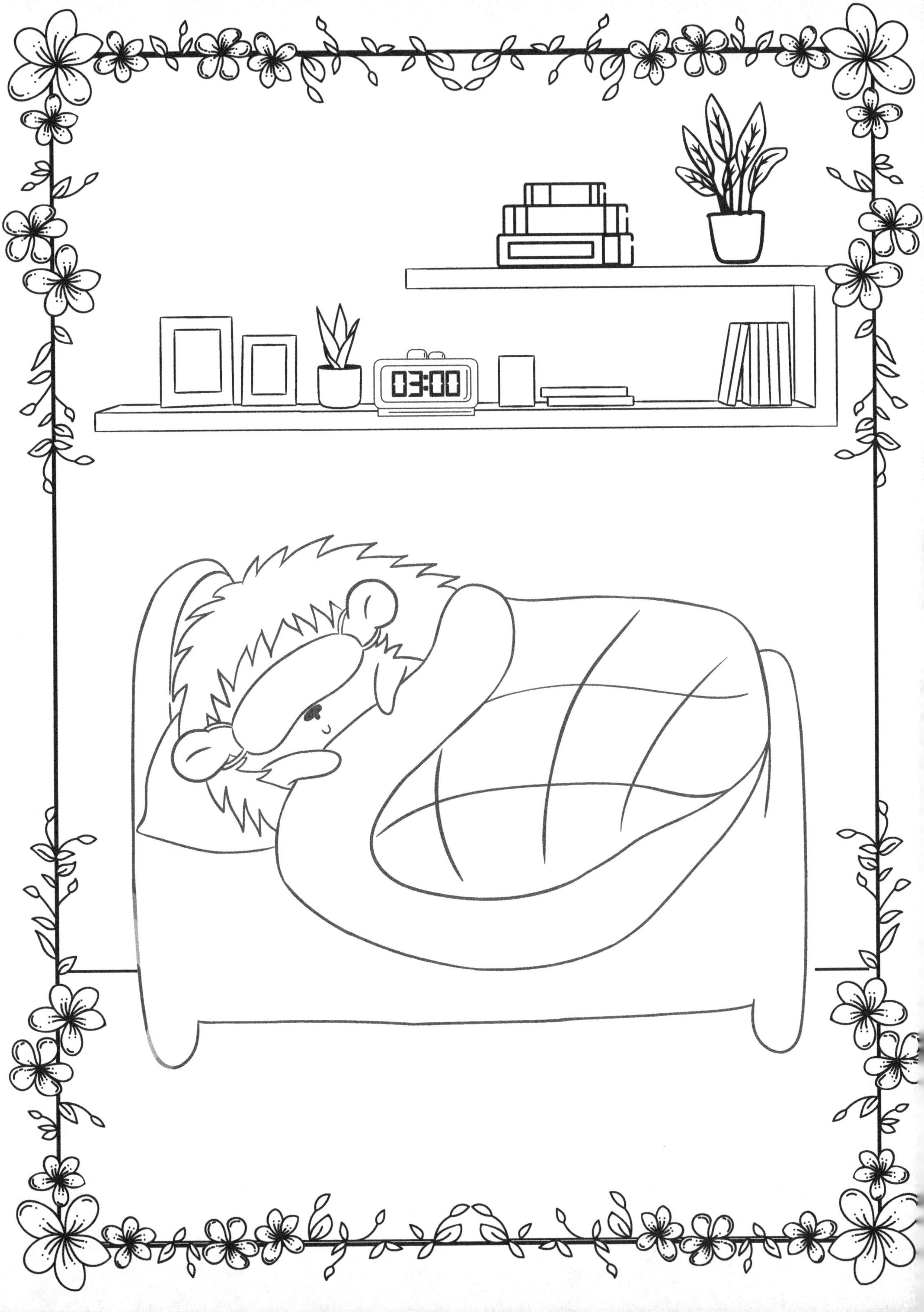
03:00

KĄPIEL W WANNIE

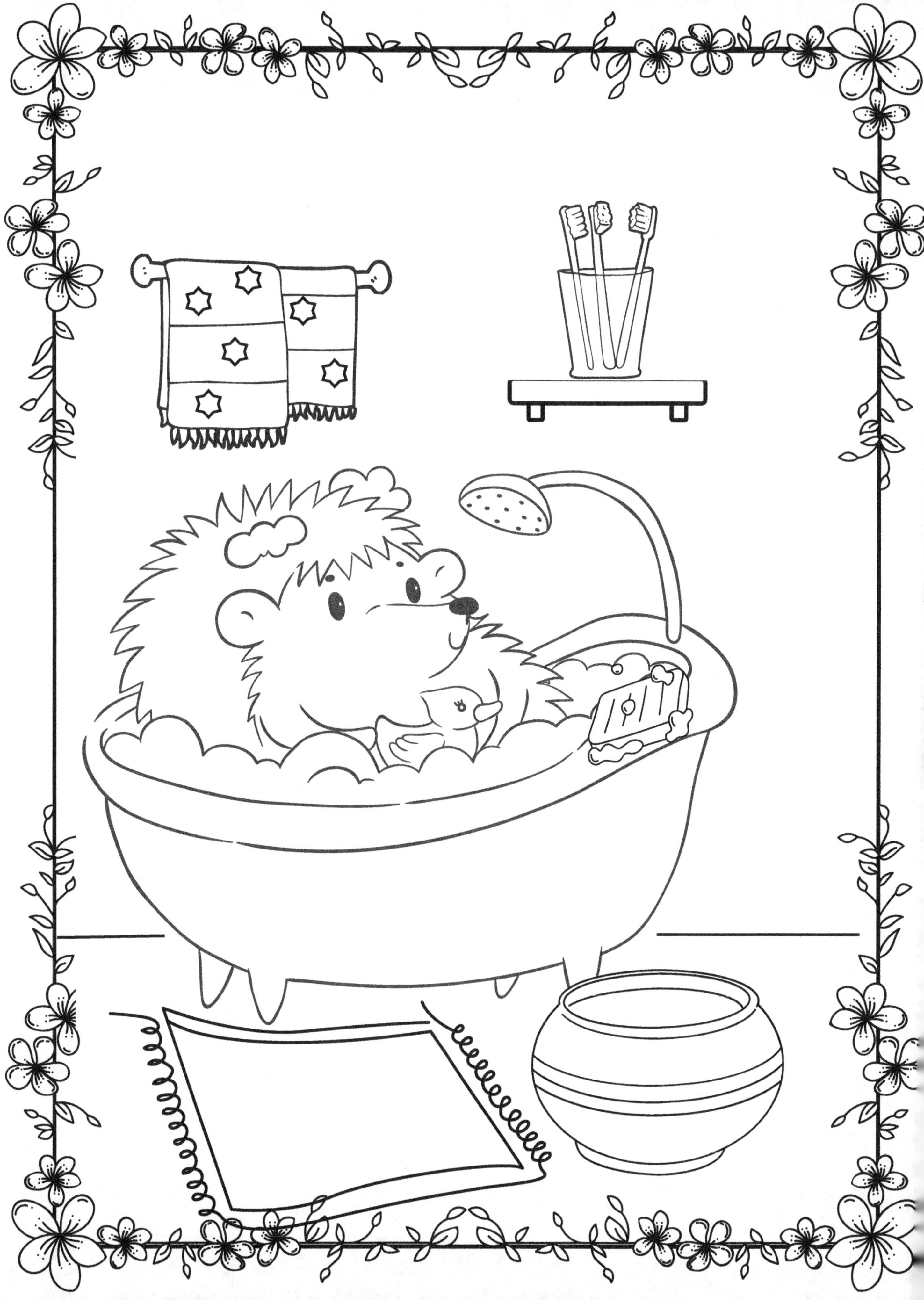

JEŻ W LESIE

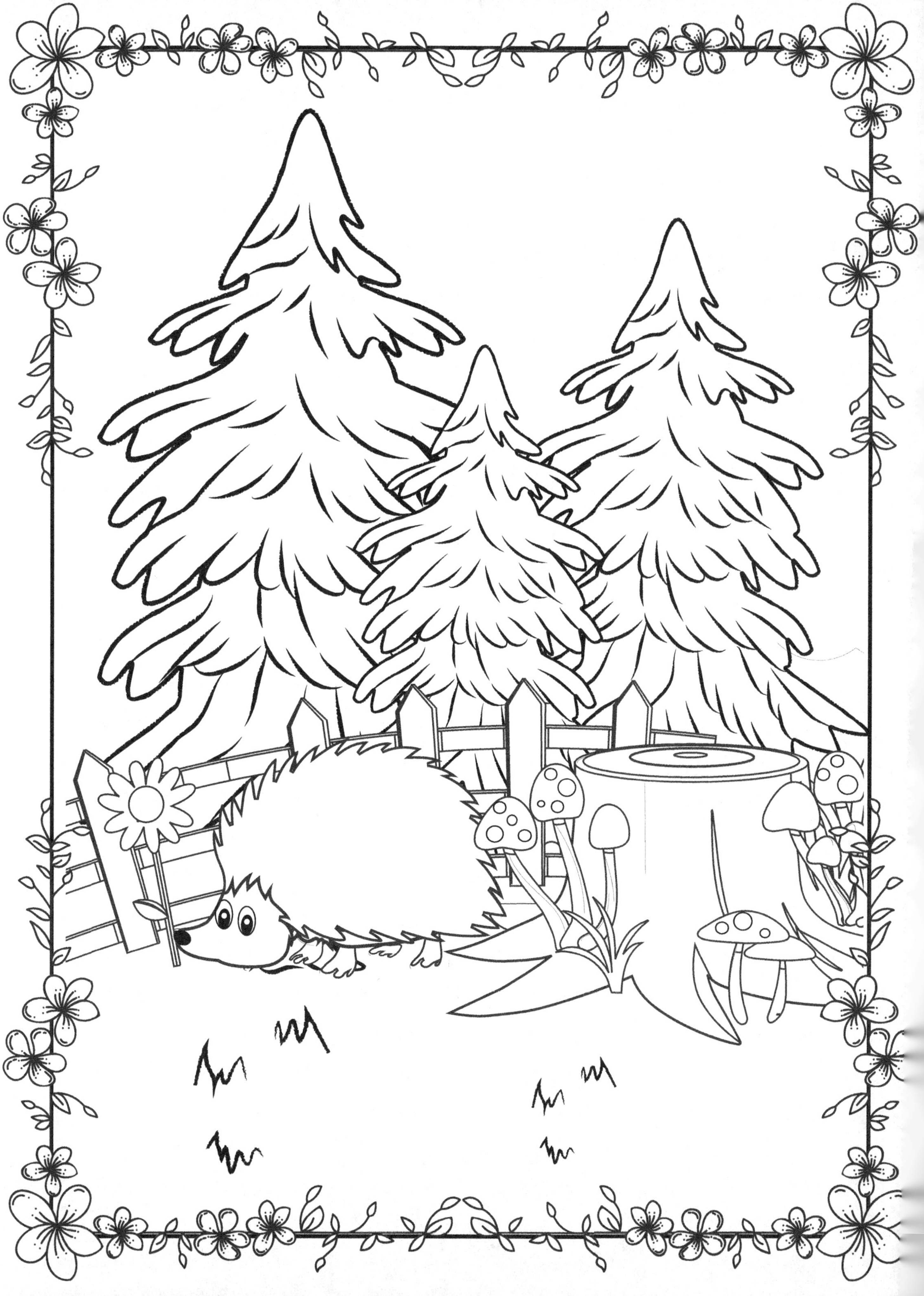

MAM NADZIEJĘ, ŻE KOLOROWANIE SPRAWIŁO CI FRAJDĘ ;-)